Los versos que te escribí mientras dormías

Los versos que te escribí
mientras dormías

Rosa Martínez Moratalla

TEXTOS
Rosa Martínez Moratalla

PORTADA E ILUSTRACIONES
Rosa Martínez Moratalla

MAQUETACIÓN
Andrea Gómez Expósito

NÚMERO DE EDICIÓN
Primera

EDICIÓN
Postdata Ediciones

ISBN
978-84-19411-80-8

DEPÓSITO LEGAL
V-1761-2024

Por mí, por todos mis miedos y
por ti, abuela, primero.

Y cuando escribo es porque siento, y cuando creo con mis manos agarradas al corazón es porque sueño, cuando lloro de dolor es porque muero y cuando el sentimiento aprieta u oprime sangro sin control.

El silencio de mis palabras solo pueden escucharse a través de este poemario lleno de susurros para transformarlo en voces y así sentirme libre.

Expreso a escondidas, rasgando el papel opaco, hasta traspasar la madera de roble de mi viejo escritorio. Junto a la vela que acompaña el sonido de la soledad que tanto me gusta para acariciar el tiempo que sigo tratando.

Los versos que te escribí mientras dormías es aquello que siento desde niña cuando la tenía cerca, lo que tanto anhelo de aquellos años sin su despertar, ella mirándome profundamente a los ojos y haciéndome sentir amada.

Cada día pellizco a las sombras para revivir aquellos recuerdos felices y así poder moldear su figura que tan fuerte me hace hoy día, de esta manera la siento más cerca para dedicarle eternamente mis versos y logros.

Ahora sigo siendo yo, sigo siendo esa niña débil en miedos, pero fuerte en palabras cuando las escribo. Dejaste en mí una fogata para iluminar los caminos y quemar la mala hierba que puede entorpecer mis sueños.

Gracias por mandarme a la persona que hoy día tengo cerca, que me mira como tú lo hacías y me ama distinto pero me quiere y me cuida cada día.

Las noches de verano huelen a ti.

Te recuerdo más en verano.
Eras abuela y una mujer en llamas.
Tu luz me daba fuerza
y querría tenerte en mis mañanas.

Rozabas mi corazón y solo presentía
que desde abajo me llamabas.
Guerrera de una vida oscura,
sacabas fuerza y yo cultivaba callada.

Quiero viajar al brillo limpio
de tus ojos sinceros,
haciéndome sentir amada,
de día y noche sin miedos.

Abuela mía. Roca y flor silvestre.
Tú astuta, fiera y humo inminente.
Más allá de tu recuerdo vivo.
Eras y serás lo mejor que he tenido.

Y no todo es amor lo que escribo,
no todo es dolor lo que vivo.
Todo lo que necesito
es llegar al corazón
para tocar mis alas,
despertar con los ojos cerrados
y posar en la libertad de mi alma.

¿Bailas?
Por debajo de mi cintura
hasta partirnos de risa.
Haciendo sonar las mañanas
por trasnochar a escondidas.

¿Bailas?
Al son de mis latidos,
de rozar tus labios con los míos
y probar el compás de lo prohibido.

Con ella la inseguridad fue refugio.
Y su recuerdo es un zafiro férreo,
fugaz y contagioso.

Prefiero usar mis manos
para dibujarte el alma
que abrir mi boca
para poder respirar.

Treinta y tantas batallas.
Sin victorias, ni derrotas.
Solo hallamos la lucha,
la fosa de un aire frío,
la vida embestida de miedos.
¿Y la muerte? ¡Burlémonos de la muerte
hasta que sigamos vivos!
Porque cuando estemos muertos,
nadie nos recordará que
un día estuvimos vivos.

Y olvido…

Solía enredarme en tu cabello,
pero esta vez me enredé
habitada en tu corazón.

Juro que juntaré cada pedacito
de tu corazón roto,
y lo uniré junto al mío.
¡Ahora brotan como las flores
en una eterna primavera!

Un ángel sin sus alas
es como un poeta sin su pluma.

Llamo eternidad
cuando dejo caer
mi sinceridad en tus brazos.

Callamos, temblamos,
                  y el silencio...

El silencio acompaña
al tempo, a la palabra
eterna y al amor
de convertirse
en eternos...

XX

Una lágrima de alegría
llenaba un río secano,
los pájaros picoteaban mis ganas
de correr por mi antiguo barrio.

La brisa era vitamina,
las nubes de algodón templado.
Niñez sin dueño, sueños sin prisa,
batalla libre en verdes prados.

Y la añoranza de olor a leña,
humo gris sobre los tejados,
frío invierno y eterna nieve,
pueblo ilustre ¡tierra vuelve!

CAUTIVO

Cuando el sentimiento se apodera,
cuando mis manos son piedra,
cuando mis sentidos amarran,
cuando mis recuerdos son huella.

Cuando el dolor es lluvia,
cuando mi voz es tormenta,
cuando mi sangre es añil,
cuando mi corazón es siembra.

AMOR DE TIZA

Nuestro amor es tan puro
como el blanco de una tiza.
Tan citado como al
escribirlo en una pizarra.
Tan intenso que de polvos
nos envolvemos.
Y tan fugaz como desaparece
tu nombre entre mis dedos.

Y frío es frío
cuando tu amor
es ausencia confusa.
Y fuego es fuego
cuando tus ojos brillan
de total sinceridad.

Si no estás,
no me queda vuelo.

FIESTA INFANTIL

Comienza la noche
de olor y de luna,
lluvia de colores,
llena mi cordura.
—era mi camino
que cada verano
anhelo, negra tempestad
en agosto me quedo—,

el duende alegre
camina entre arados
a la voz cantina
en la plaza volamos.

Sol, audaz y ardiente
brilla mi infancia
del pasado, llora mi
yo del presente,
fiesta vida de inocente.

Te creo porque pintas la vida de poesía
y creas versos de colores.

VIVIR

Soñar y vivir turbulentamente,
al tiempo que golpean las olas.
Llanuras talantes, florecen las rosas,
y el frío abriga al hielo en tiempos
de guerras angustiosas.

Ojalá domingo, manta y sofá.
Ojalá la lluvia empañe mi ventana.
Ojalá la almohada sea tu hombro.
Ojalá la manta tape mis manos,
envolviendo tu cuello.

Ojalá Titanic sobreviva a nuestro flote.
Ojalá la vela ilumine lo eterno en risas.
Ojalá las palomitas endulcen mis ganas
hasta besar tu boca.
¡Ojalá domingo todos los días!

Tu nombre es la guinda de mi felicidad.

Los lunares de mi espalda
se convirtieron en cicatrices
y mapas infinitos sin restricción.

No me importa el destino,
si me dice que no valgo.
No me importa el mañana,
si me dice que será malo.

No me importa si el día dura poco,
ni tampoco abandonar lo pasado.
No me importa que el cielo esté nublado,
ni tampoco que lo bueno esté malo.

No me importa que todo sea extraño,
ni tampoco caer en picado.
No me importa que el futuro sea falso,
y si alguien me deja a un lado.

No me importa llorar mientras tanto,
ni tampoco vivir un fracaso.
Mientras tú estés a mi lado,
no me importa,
¡si el mundo se cae a pedazos!

ME QUEDO

Me quedo,
—sin más me quedo—.

A veces parece suficiente,
y otras veces no,
pero me quedo, respiro y sosiego.

Me quedo,
—y vuelvo a quedarme—.

Soledad en pensamientos,
descubriendo el dolor áspero
que me mantiene estable.

Y me quedo,
—me vuelvo a quedar—.
En algo que ni yo sé, por qué me hace quedarme.
Hablándole a un agujero efímero.
A la angustia que radica en mi memoria
y la nube ácida que cubre parte donde está mi voz.

Y me quedo,
—solamente me quedo—.

Duele tanto que vacía mi razón
y arruga mis sentidos.

SE FUE

Y se fue…

Se fue su luz.
Su sol.
Su sombra.
Su risa.

Y se fue…

Se fue su alegría.
Su bondad.
Su cariño.
Su voz.

Y se fue…
Se fue tan pronto
que se llevó su alma
para tenerla el cielo.
Y dejó sus huellas
en su hogar soñado.

Se llevó su energía
para mudarla en delicadeza.
Enseñándonos cada día
que hay humildad
en tan solo una pieza.

Y se fue…
Se fue su abrazo.

Dejando el vacío
para convertirlo en eco
y así el caudal acallara al dolor.

Dejando en la memoria
sus saltos y giros de noria,
y en sus manos pequeñas
palmadas libres y rompedoras.

Y nos dejó…

Dejó la vida,
que tan fácil hacía.

Y sin más…

Se esfumó, ardió y despegó.

¿Y ahora?...

Nada.

No hay nada.

Ni siquiera un adiós.

Mirada de gigante,
avanzando por el duro asfalto,
como si fueran nubes de musgo poderoso.

Tapas el más mínimo agujero,
con la libertad de tu valentía,
un arma ávida y fugaz.

Rompiendo muros, amando tus ganas,
como una mujer sin límites.

Eso es el amor que querría
cualquier adolescente para su
nuevo y poderoso horizonte.

365 noches a tu lado,
es igual que si mi cuerpo
girara entorno al sol.

Entre los vientos navega
con piratas tan risueños
que encontraban la deriva,
sin espada, ni sombrero.

No hay tesoros que descubran,
buscan algo que fue muerto,
el pirata grita:
¡Aquella es la mujer de mis sueños!

El tiempo no lo cura todo
cuando hay dolor, y una herida,
o se oye la voz abismal
del desconsuelo.

¡Abatidme…!

La única cura es estar vivo
para poder estar muerto.

Si mi yo del pasado
supiera lo que sé ahora,
llevaría puñales en mis versos
para transformar la vida
y devorar la aurora.

Hay pasos que ya son camino.

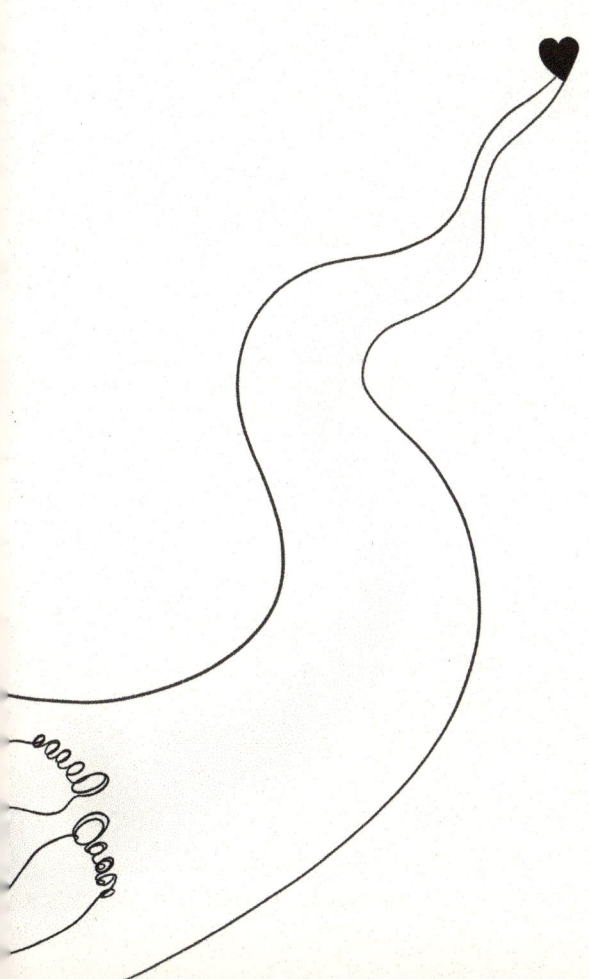

CAMINO

Sobre las piedras desnudas
la luz deslumbra mi camino
de un abeto resoplando
da fuerza a mi destino.

Los días de verano,
las noches cantares y grillos
golpean en mi piel el solano,
la luna descansa en mi delirio.

Al nombre de mi nueva canción
la llamo felicidad,
porque cuando apareces
tus pestañas hacen melodías,
tus ojos brillan como claves de sol
y tu sonrisa toca diferentes si bemol.

Dame tu mano
y besaré tus miedos.

COMO TÚ

La lluvia se vuelve impermeable
cuando el cielo te ve aparecer.

Como el chubasquero que cubre
tu cuerpo sin ser empapado.

Como la cápsula recubierta
protegiendo tu corazón.

Como un estuche que no deja
perder los lápices en esa mochila.

Como una caja de zapatos
guardando tus cartas más secretas.

Como la almohada que esconde
sus plumas bajo la tela donde acomoda tu cama.

Como el paquete que envuelve
el regalo más esperado.

Como el suave aire de tu respiración,
que entra y sale suspirando una promesa.

Como la cremallera que abre y cierra
para abrigarte y desabrigarte cuando tú quieras.

El tiempo es como una bala,

        acelera,

destruye

        y duele.

He descubierto que bajo
mi piel hay una ventana.
Un océano de miedos
y telares cubriendo mi rostro
hasta llegar a mis entrañas.

Puedo quedarme dentro
y llorar sangre opaca.
Que cambia camaleónicamente
de roja a azul,
espesando el dolor invertido
en lumbre chamuscada.

INFANCIA

Es olor a plastilina,
es andar a pies descalzos,
correr entre piedras y arena
es mirar el cielo en verano.

Es inocencia y valentía,
es soñar sin descanso,
vivir con mucha prisa,
es volver entre paños.

Es vestir sin conjunto,
es reír a soprano,
no hay reglas ni quehaceres,
es bailar en verdes prados.

Y en la plaza un recuerdo,
sol girando sonrojado,
nubes cubriendo mi pelo,
manejo libre con descaro.

Y la memoria viaja a destiempo,
abuelos, amigos y pan en la mano,
chocolate dulce en las mejillas,
brisa tallada y sueños pasados.

HACIA LA LUNA

El viento balancea
sobre aquel columpio de colores.
Intercalando cada pausa
al suave ciclón que lo hace frenar.

Impulsándose al aire frío
hasta empezar el anochecer.
Elevándose hacia la luna
donde le acompañan las estrellas.

Aprovechando la altura
con quien se envuelve y aferra.
Pobre humano enamorado
vela boquiabierto ante su estela.

Un único y terso latido
que solo siente junto a ella.
Luna dichosa e insaciable
de ser tan distante y tan bella.

I

Dicen que la vida son dos días
y, por más que resumo la mía,
veo que no cabe
en ningún cajón.

II

Hasta la enfermedad más grave
puede tratarla un pobre campesino.

III

No dejes de pedalear en la bici
de tu libertad.
Así mantendrás a salvo
el camino hacia la sonrisa.

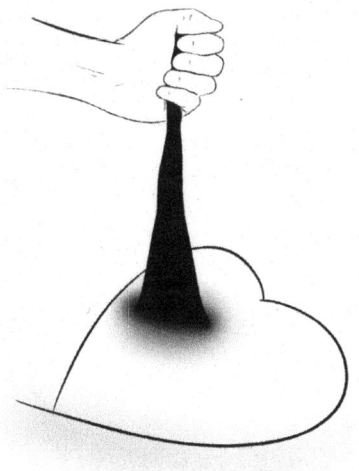

Hay vacíos que intentas
llenar a puñados.

Y te quise, te quise tanto
que no podía decírtelo.
Y te quise, te quise demasiado
que todavía duele.
Y te quise, te quise tanto
que llegué a morir
y aún hiere.

QUERERTE
no hace olvidarte,
mirarte es sentirte tan dentro,
besarte es temblar con rozarte,
AMARTE
es lo que tanto deseo.

Algo me angustia
y mi razón no consigue contestarme.
Maldita voz que estruja mi cerebro
gritándome abismalmente
al extremo de donde puede llegar mi locura.

¡Ayudadme!

Alguien está punzando mi cabeza
hasta recabar mi angustia,
odiando el entorno por donde camino,
llevándome a una condena y paranoia
que me aturde callada de pies a cabeza.

¿Por qué sangran mis raíces hasta la flor de mi cordura?,
dañinas neuronas que mordisquean mi cerebro,
ahogando cada impulso
hasta acabar con parte de mi memoria.

¡Ah!, tu voz era mi despertador cada día,
y tanto la quería.
Tu aire era mi oxígeno para darme vida,
y tanto la quería.
¡Ah!, tu mirada era mi camino para no perderme,
y tanto la quería.
Tu nombre, tus gestos y tu bondad
manda coraje para salvarme en
mi muerte y mis días.
Y tanto, tanto la quería…

Si estuvieras a mi lado
el cielo culminaría lo estrellado,
la mañana sonreiría sin descanso,
y el arcoíris adornaría mi tejado.

Soñé que me cogías
para llevarme a tu camino,
temblaba mi mano a salvo,
hacia la luz de mi destino.

Sentí que me cuidabas
con tan solo fijar la mirada,
anhelo tu brisa y tu boca
eres la paz de mis mañanas.

Serás mi voz a oscuras,
en mi futuro iré descalza.
¡Siempre serás el amor
que tanto soñaba!

POR TU TIEMPO

Por un atardecer, un cielo
por una mirada, un beso,
por tu tiempo…
¡daría mi vida entera
solo por tu tiempo!

Si está vivo es porque amaba.
Si está herido es porque
seguía amando.
Y si está muerto es porque
terminó muriendo de amor.

Sin apenas ver, me veía.
Apenas andaba
y me buscaba.

Apenas oía y me sentía.
Olfateaba mi corazón
a distancia.

Con ella era vida,
ahora melancolía.
Sus patas volaron
y mi hoy (…),
no es nada.

VIDA O MUERTE

Adyacente a la muerte,
juzgando a la vida.
Vuelo sin respirar, y la luz
—no es luz—, sino brisa,
una brisa oculta
para mantenerme a salvo
y murmullos entre caricias.

Adyacente a la vida,
juzgando a la muerte.
Cierro sin abrir, y el camino
—no es camino, sino herida—,
una herida húmeda
para calmar mi sed
y alimentar mi dura poesía.

Lo eterno no es eterno,
pero el vacío sí es vacío.
Doloroso, contagioso,
y cruelmente congojado
por un sufrimiento que
nunca pudo ser tratado.

CUÁNTAS VECES

¡Cuántas veces dijimos,
viajaremos a un lugar soñado
pero esta vida vuela
y lo dejamos de lado!

¡Y ahora todo dolor no sana,
la piel se marchita,
y nuestra palabra se esfuma
afligida y evocada lucha!

Dime, corazón,
que no habrá otra pedida más por cuarta vez.

Dime, corazón,
que si sucede, dolerá cuatro veces menos.

Dime, corazón,
que la cuarta vez solo será un dicho
no un hecho.

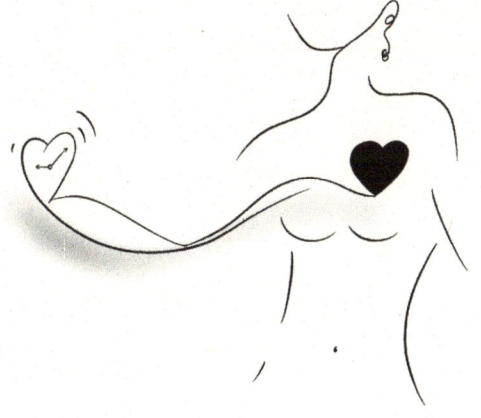

Desperté para QUERERME.

TU NOMBRE

La ciudad más bella lleva tu nombre
porque tus ojos son pilares,
tus labios rosetones,
y tu cuerpo paseando por Madrid
lo nombraron monumento histórico
en todos los colores.

UN HADA

Brillantes ojos, relucientes luciérnagas,
claras mañanas, su voz es bella.
Verde campo en sus pupilas,
flores blancas en sus retinas,
veo estrellas estrelladas,
universos de alegrías.

Mucha vida en su mirada, sueña,
vuela e imagina, con sus alas llega alto,
con su magia te hipnotiza.
Luz temprana en su inocencia,
es pequeña e inofensiva,
salta, brinca sin descanso.

Ama, quiere y despista.

EL PARQUE

Los parques están vacíos
como la muerte en madrugada.

Allá, sobre el oscuro silencio,
quedan tristes las mañanas.
Y ese columpio balancea oxidado
hace rechinar a los fantasmas.
El aire sopla despacio.

¡Dos bancos de piedra rota y
una niña que llora desconsolada!

Hay personas que dejan huella
porque pisan con el corazón.

Y cuando me di cuenta
de que el juego no era
realmente un juego,
la intuición significó
ser una mutilación.
Mi cuerpo se paralizó.

Y se convirtió la vida
en una verdadera
y cruel amenaza.

VIVE LA RISA

Vive la risa en la noche,
a oscuras, con las ventanas
abiertas, no cerradas.

Vive la risa a carcajadas,
con lágrimas en los ojos
y con la boca salada.

Madruga con ella a todas horas,
y siempre que te dé la gana.

Vive la risa desnuda
con aire alocada,
con ruido en tu comisura
y tacones en la garganta.

El tiempo solo es tiempo,
perdura hasta morir de ilusiones.
Solitario y devorado con el púlpito
de un recuerdo afano.

Un día eres tan feliz
que ni la sombra puede tapar
esa sonrisa.

DOS MINUTOS

Dos minutos.
Y mis recuerdos ausentan mi sombra,
mi universo parece otro planeta
y mis caricias conmueven la aurora.

Dos minutos.
Y mi mirada parece conocerte,
tu rostro se confunde con el mío,
encontrando tu cariño más prudente.

Dos minutos.
Y mi enfermedad retiene a buscarte
para adquirir nuevos recuerdos
y jugar como lo hacíamos antes.

Dos minutos.
Y todavía percibo tu aroma,
analizo tus besos y mejillas,
sonriendo al miedo sin demora.

Dos minutos.
Y mi razón dificulta el mensaje,
queriendo tocar el cielo y
llenar tu vacío antes de marcharme.

Dos minutos.
Y vuelvo para contarte,
que eres el amor de mi vida,
sin olvidar todo lo que en mí dejaste.

Dos minutos.
Y mi llanto disculpa al mañana,
al huracán de mi escasa memoria
y a la soledad de mis manos tan solas.

Dos minutos
Y mis oídos confunden tus voces,
agarrando mi piel a tus huesos,
congelando el lugar y el desorden.

Dos minutos.
Y mi almohada exilia mi nombre,
sin hallar dónde está mi cuarto
y ese cajón lleno de ilusiones.

Dos minutos.
Y reímos con intensas ganas
para bailar a pies descalzos por la calle,
cuesta arriba o en volandas.

Dos minutos.
Y mis sentidos atrapan tus latidos,
ocupando nuestro amor desconsolado
y querernos como nadie se ha querido.

Tan solo dos minutos.
Y poco tiempo para narrarte
que mi demencia habita entre horas
pero mi cuerpo acude contigo a besarte.

Mi café se enfría
cuando escribo.
La punta de granito
se gasta mientras
marca mi tiempo.

El tiempo
termina, se esfuma.

Y la vida pasa,
abriendo camino a la muerte.

Y la muerte
olvida que un día
estuve vivo.

Todo se marchita
a pesar de estar vivo.

He llorado a gritos
pero
los gritos han balanceado
a mis miedos.

Y ahora mis charcos
son pequeños,
piso y no me ahogo.